LA PÉNINSULE

EN TUTELLE.

> Faux amis des rois, en leur cachant qu'ils ne peuvent plus être grands que par le règne des lois, en prêchant l'absolutisme, dont le midi de l'Europe nous montre les déplorables effets. (*Discours* du duc de Fitz-James, 1827.)

IMPRIMERIE D'A. PIHAN DELAFOREST,

rue des Noyers, n° 57.

1828.

On doit se féliciter de ce que la publication de cet écrit ait été retardé par l'événement de la dissolution qui absorba toute l'attention.

Un ministère nouveau n'est point lié par de fâcheux antécédens, et est plutôt tenté de suivre des erremens contraires : s'il se voyait accusé de garder quelques traits de ressemblance avec l'ancien, il serait d'autant plus empressé de démentir les vaines apparences, par des actes éclatans.

Le moment paraît favorable : don Miguel n'a point encore oublié les conseils de ses puissans alliés, et Ferdinand est effrayé ou irrité par la révolte des Catalans.

Mais ces princes n'ont point assez de caractère, ne sont point assez en relation, pour établir dans leur pays, pour coordonner entre les deux royaumes un système d'institutions conservatrices et protectrices.

Il faut que le plan soit arrêté de concert, et peut-être soit imposé par la France et l'Angleterre, dont la volonté commune, exprimée avec fermeté, avec constance, triomphera enfin des préjugés et des prétentions.

———

Le vrai sens des Discours de M. Canning.
La Politique royaliste à l'égard de la Péninsule.
Examen d'une Brochure sur la crise du Portugal.
De la Péninsule. — Suite de la Politique royaliste.

Devant la France, vaincue sous le nom de l'u-
surpateur, triomphante en la personne de son Roi,
comme par miracle, les haines s'éteignent : il ne
survit que des craintes.

Deux périls capitaux menacent, à moins que la
civilisation entrant sous un orbite nouveau, ne
soit plus soumise aux phases de l'enfance, de l'a-
dolescence, de la virilité, de la décrépitude.

D'une part, les peuples du Nord, jeunes en fait
de force native, et vieux par l'effet des lumières
empruntées, sont voués plus que jamais, à dompter les peuples du Midi.

De l'autre, des nations surchargées d'années et
blâsées de jouissances, s'agitent et se tourmen-
tent au hasard, imaginant ce semble, qu'au déclin
de leur cours, doit apparaître l'aurore de la ré-
génération.

Et de ces périls, l'un ou l'autre éclatera inévi-
tablement, tous deux se succèderont probable-
ment; en sorte que l'art de la politique s'applique
surtout à se prémunir contre le plus imminent.

Dès lors, il n'y a point de question, car la mémoire brûlante, consume le germe de la pensée : c'est l'esprit révolutionnaire qui frappe seul, qui absorbe en entier.

Aussi la Sainte - Alliance n'eut pour motif, que de réprimer les troubles, de conserver l'ordre, de maintenir le *statu quo*.

Telle fut la préoccupation générale, que tous les cabinets se soumirent à recevoir la direction de celui-là même, dont une seule parole disposait des forces et des lumières du Nord.

Personnellement et momentanément, il n'y avait rien à craindre. Mais les hommes meurent et les temps naissent; la chaîne d'union se change en un joug d'esclavage.

L'Angleterre qui, retenue par la forme de son gouvernement, n'avait pu donner une adhésion officielle, y songe la première; et sans rompre les relations, se tient à l'écart, se met en mesure.

Bientôt l'Autriche plus exposée encore aux risques de la guerre que de la révolte, après avoir étouffé l'insurrection de Naples, s'ouvre aux mêmes pensées, s'occupe en secret à relâcher les liens de l'alliance, se prépare à prendre une allure indépendante.

Il ne faut pas parler de la France, que la force des choses obligea, dans les premiers temps, à jouer un rôle passif, que la faiblesse du cabinet, condamna à jouer un rôle servile, depuis 1821.

En cette manière, l'ascendant suprême d'Alexandre, se trouva peu à peu amoindri, puis anéanti ; l'être de la Sainte-Alliance, auquel il souflait l'esprit de vie, n'offrit plus qu'un sec et morne squelette.

L'astre du nord, tellement resplendissant, tant qu'il réfléchit l'éclat de toutes les couronnes ; aussitôt qu'il en fut privé, s'obscurcit, se perdit sous les brumes lointaines ; et l'étoile de la France, de jour en jour pâlissant, celle de la Prusse se tenant aux bords de l'horizon, l'Angleterre, l'Autriche, dominèrent seules sur l'horizon politique.

Dans ce nouvel ordre, entre celle-ci, qui représente les monarchies absolues, et celle-là, qui rallie les états constitutionnels, l'accord est parfait à l'égard des irruptions du nord, et la discidence n'est qu'apparente, sous le rapport des révolutions.

En Autriche, l'opinion et le gouvernement se confondent dans un sentiment commun ; en Angleterre, l'opinion naturellement ardente, contrastant avec le gouvernement le plus réfléchi, en même raison, l'oblige à garder des ménagemens, et l'engage à renforcer ses sécurités.

Car d'autant que le char, est vivement lancé sur une pente rapide, et côtoie de près les bords de l'abîme, d'autant le cocher inquiet, s'efforce et s'empresse à tenir les rênes hautes.

De plus, il existe en ce pays une nécessité de la plus haute sorte, rien moins que la nécessité de vivre; laquelle, attendu que la balance est rompue entre les divers emplois du travail, ne peut se satisfaire que par l'artifice de la politique mercantile, ainsi qu'elle est dénommée.

Or, si le continent était troublé par des crises violentes, cette politique mercantile serait tout-à-coup dépourvue de ses ressources habituelles, serait surtout trahie dans ses espérances, depuis qu'elle a été contrainte à faire l'essai périlleux d'un système libéral.

Tellement que l'Angleterre est enchaînée au maintien du *statu quo* en Europe, y est autant et plus intéressée par son état social, par son intérêt commercial, que n'est l'Autriche même par les besoins et les habitudes monarchiques.

Il n'y a plus que les cabinets de Londres et de Vienne, que Canning et Méternich; c'est à eux seulement, à l'un et à l'autre également, que tout est dû.

Et la perte de Méternich n'était rien. Dans l'Autriche, empire privilégié, où les mœurs font valoir les lois, où l'alliance de l'absolu et du paternel font revivre le régime patriarchal, un ordre inaltérable, irrévocable, commande aux ministres, au lieu d'être dicté par eux.

Mais comment retrouver Canning ? Cet homme dont l'éloquence, car il faut tout dire, en emportant l'opinion, parfois s'emportait elle - même, dont la politique trop ingénue, pour n'être pas passionnée, parfois se jetait hors des voies régulières ; cet être qui miraculeusement formé par la combinaison des plus hautes qualités physiques et morales ; qui, merveilleusement servi par la succession des circonstances les mieux appropriées ; seul encore fut doué, comme par don de féerie, de posséder à titre souverain, la popularité, et de n'user que pour cause légitime, de la popularité.

« Rappelons - nous le congrès de Vienne , où l'Europe qui s'était armée pour rendre l'onction de la force, à l'ancien de l'imprescriptible souveraineté, reste armée pour briser, sous le régicide marteau, le sceptre de ses dignes juvégnieurs ; où la haute diplomatie, foulant aux pieds l'humanité et la légitimité même, vient rompre des habitudes antiques, dissoudre des relations sacrées, et violer les droits, les intérêts des plus fidèles peuplades. » (*Du Renom des Armes françaises*, janvier 1815.)

Là, dans l'ivresse de la victoire, tandis que la

sagesse est assoupie, la cupidité, la pusillanimité, toujours inquiètes, se tiennent éveillées, et font les parts du butin.

Puisque la Russie conserve la Finlande, il faut en retour que la Norwège, qu'une portion de la Saxe, soient ravies aux meilleurs des princes, et que Venise ne soit pas restituée à son gouvernement prospère ; pour que la France garde enfin la paix, il faut qu'une alliance contre nature unisse la Belgique aux Pays-Bas et Gênes au Piémont ; que le Wurtemberg, le Hanovre, la Bavière, dévorent les états limitrophes.

Honteuses et funestes transactions, auxquelles on donna pour motif ou plutôt pour prétexte, la nécessité de constituer la balance politique de l'Europe ; bien qu'elle ne puisse jamais se fixer par la compensation matérielle des forces, et qu'elle doive toujours se rétablir par la coalition morale des craintes ; bien que la sainte-alliance, déjà ébauchée et bientôt accomplie, fût appelée à la rendre aussi inutile qu'elle était impossible.

Canning n'y était pas : sans doute, ce caractère qu'on n'a pu accuser que d'excès, quant à la chaleur des sentimens et à la grandeur des pensées, se serait refusé à calculer avec des chiffres morts, si tant de violences, tant de duretés, tant de douleurs, rencontraient un juste équivalent dans la jouissance de Ceylan et du Cap.

Ce fut sous le seing de Castlereagh qu'a paru cet acte monstrueux qui fit tourner à son détriment les triomphes de la légitimité, qui seul, pendant vingt-cinq ans, ait entaché la généreuse conduite de l'Angleterre. Et pourtant Castlereagh, au moins parmi la secte absolutiste, est exalté en gloire, tandis que Canning reste en butte à la haine; car ce parti, auquel l'instinct a révélé son impuissance, n'aspire qu'à être flatté, à être bercé de vains rêves.

Depuis ce temps, soit que la Sainte-Alliance brille ou s'éclipse, soit que Castlereagh ou Canning régisse les affaires étrangères, l'Angleterre s'unissant à l'Autriche, et s'accordant avec elle au moyen des concessions réciproques, se montre constamment, au moins quant aux actes effectifs, si ce n'est en paroles ostensibles, favorables au principe monarchique.

L'armée napolitaine se révolte : que l'Autriche marche, qu'elle soumette, qu'elle domine! l'Angleterre ne s'y oppose nullement, ne saisit pas, comme sous l'usurpation, cette propice occasion de prendre pied en Sicile.

Des Cortès insurgées s'établissent en Espagne, et possédant la personne de Ferdinand, en obtiennent, par la crainte ou par la ruse, l'investiture royale : que la France s'ébranle et s'avance, qu'elle paraisse et triomphe, ayant à sa tête celui qui, moins modeste, aurait pu s'écrier : *Veni, vidi, vici!*

« L'Angleterre , dont les négociations auront vainement tenté d'amener les Cortès à une transaction loyale et solide, laisse aller, laisse faire : se refusant, soit à l'origine, soit pendant le cours de l'occupation, à expédier en Portugal, des forces antagonistes, et même se prêtant, après la destruction des Cortès espagnoles, à hâter l'abdication des Cortès portugaises.

C'était alors Canning, et c'est Canning encore qui, non sans regret, repoussant les plaintes de l'humanité, non sans gloire, méprisant les faveurs de la popularité, délaisse la Grèce innocente et dévouée, aux furies de la vengeance et du désespoir, de peur que la coïncidence des époques, que la similitude des apparences, n'excitent sur le continent des crises révolutionnaires.

Il faut se taire sur l'influence qu'il a exercée à l'égard de la soumission de Saint-Domingue, en s'écriant devant les envoyés : Malheureux, vous prétendez traiter à titre de puissance ; vous n'êtes pas seulement propriétaires du sol !

Il faut se taire sur l'intervention tutélaire, au moyen de laquelle il a maintenu le trône du Brésil contre ses ennemis intérieurs et extérieurs, en dépit des travers fréquens du gouvernement.

Ce serait traiter un sujet tout-à-fait étranger : car l'hémisphère américain, où jamais il n'y eut de rois, où, dans la vérité, il n'y a pas de nations, reste en dehors de la sphère des lois européennes.

Au lieu d'une société à rétablir et à raffermir, c'est une société à commencer, à créer, ainsi qu'aux premiers temps du monde ; avec ces différences terribles, que les hommes encore dans l'enfance sous les rapports politiques, y tendent vers la décrépitude à d'autres égards, et que la prééminence naturelle de la force y lutte avec la suprématie factice des habitudes.

Contrées frappées d'un sceau désastreux, vouées à des destins inouis, que la métropole tutrice avait l'obligation d'éduquer, d'émanciper peu à peu, de soutenir dans leur marche incertaine et inquiète ; et qu'à défaut, qu'au refus de ses soins maternels, toute puissance neutre devait reconnaître, pouvait même défendre, afin d'y ramener le calme, d'y ériger l'ordre.

Là, où les peuplades éclairées et ralliées font une nation, il n'y a point de cabinet, à proprement dire : en Angleterre, il faut un homme d'affaires, comme en France il faudrait un homme d'état.

Il y eut un Richelieu et un Mazarin, même un Fleury et un Maurepâs; forts, ils réglaient nos destinées; faibles, les circonstances pesaient sur eux. Le cabinet était tout, la nation n'était rien.

Mais à peine y eut-il un Chatam, un Pitt, et moins encore un Canning : ce qu'il y avait, c'était un ministre sous tel ou tel nom; ce qu'il y a, ce qu'il y aura toujours jusqu'au terme fatal, c'est une nation.

La nation veut. En 1792, le sentiment monarchique, d'autant plus vif, plus profond en ce pays, qu'il n'y est jamais ébranlé par le contre-coup des actes ministériels, fut ému et irrité lors des attentats contre la majesté royale ; puis l'influence combinée de l'obstination, de l'inquiétude, de la hauteur, domina les esprits.

Ainsi fut entreprise et soutenue cette guerre interminable en apparence, et couronnée par un succès fortuit, dont l'Angleterre vaincue eût tiré gloire, et victorieuse a tiré profit.

De 1814 à 1820, la pensée est absorbée par le soin de consolider l'ordre de choses, enfin restauré en Europe.

Ici, une pause a lieu : l'empereur de Russie, qui tourne vers l'absolutisme, le ministère de

France, qui semble ultra-royaliste, le mode d'occupation de Naples, le projet d'intervention en Espagne, jettent un poids énorme, dans l'autre bassin de la balance, altèrent les sentimens, les préjugés, si l'on veut, du pays.

Dès lors, que Castlereagh survive, ou que Canning apparaisse, il importe peu : ce n'est jamais que l'homme d'affaires, qui parle, qui agit; il y a une nation, qui voit, qui veut. De même la Sainte-Alliance est délaissée, et l'Amérique est reconnue; de même l'intervention en Espagne n'est que tolérée, et l'envahissement du Portugal est prévenu.

Le *Morning-Post*, organe officiel des toris, doit mériter quelque foi.

« La politique adoptée par M. Canning ne lui est propre sous aucun rapport; elle est celle de lord Castlereagh.

« Dès la formation de la Sainte - Alliance, les principes du gouvernement étaient les mêmes que lors de la retraite de lord Liverpool.

« La conduite de lord Castlereagh, dans les événemens de Naples, et de M. Canning, dans ceux d'Espagne, prouve jusqu'à l'évidence l'identité de leur politique.

« Si le gouvernement n'avait pas reconnu les républiques américaines, il se serait déclaré le

plus stupide, le plus impuissant, et le ministre aurait été déshonoré.

« Quant aux secours donnés en Portugal, cette
mesure était réclamée par l'honneur national :
tous les Anglais s'y intéressaient et non seulement
les whigs, dont l'égoïsme insupportable s'at-
tribue tous les sentiments honorables du pays. »
(*Gazette*, 26 *août*.)

Telle est l'Angleterre, où les ministres, quels
qu'ils soient, tous au même titre, prête-noms de
l'opinion publique, instrumens des nécessités na-
tionales, tous mus par les mêmes motifs, et marchant sur les mêmes voies, dans leurs rangs serrés
autour de l'étendard de la patrie, se tiennent
en alliance intime et se prononcent à peine, l'un à
part de l'autre : Liverpool avec ses lois céréales,
Peel avec ses réformes du code, Huskisson avec
sa liberté de commerce, Canning enfin, avec ses
transactions diplomatiques.

Telle est l'Angleterre, où les toris, représen-
tans surannés des serviteurs de la dynastie ex-
pulsée, s'étant retournés quant aux personnes et
restant obstinés quant aux principes, maintenant
ne diffèrent avec les whigs, héritiers bénéficiaires
des fauteurs de la branche envahissante, qu'au sujet de la suprématie religieuse du monarque, de
l'absolutisme de l'Église anglicane, de l'émancipation des catholiques.

Telle est l'Angleterre, où les partis parlemen-taires sont seulement en discidence, en hostilité, sur le point de la possession du pouvoir; et non sans se saisir de certains principes abstraits en guise d'armes offensives ou défensives, aussitôt que l'intérêt national est compromis, n'ont qu'un système commun à l'égard des maximes fonda-mentales du gouvernement.

Pour comprendre sa politique, il suffit de lire ces fameux discours, dans lesquels tant de gens, parce qu'ils sont faux, ne verront que fausseté; et tant de gens parce qu'ils sont fous, ne verront que folie; par lesquels beaucoup d'espérances si-nistres seront renversées et quelques projets té-méraires seront au moins suspendus. (*Le vrai Sens*, etc.)

« Lors de la guerre d'Espagne, la neutralité entre les nations contendantes et surtout entre les principes contendans, pouvait seule maintenir la balance de la paix.

« Si la guerre se répand au dehors de l'Es-pagne et du Portugal, je crains qu'elle ne soit une guerre épouvantable, une guerre d'opinions ennemies.

« Je sais que si l'Angleterre y prend part, elle verra accourir sous sa bannière, tous les gens tur-bulens du siècle.

« La conviction intime où je suis, qu'elle pourrait manier un pouvoir plus formidable qu'il n'y eut jamais, excite toutes mes craintes.

« En déchaînant les passions aujourd'hui comprimées, il en résulterait une scène de désolation à laquelle on ne saurait penser sans frémir d'horreur.

« Je me résoudrai à céder sur tout point quelconque, sauf qu'il ne touchât à l'honneur national, plutôt que de laisser se déchaîner les furies que nous tenons sous le frein.

« Laisser Mina se précipiter dans la lutte ! mais la plus affreuse calamité qui puisse désoler un pays, serait une bagatelle en comparaison de celle-là. »

Or, ces paroles n'expriment que la pensée agitée, que les sentimens inquiets de tous les cabinets.

Au secret des cœurs, un instinct universel s'écrie que le premier coup de canon doit déterminer des explosions révolutionnaires. Il n'y a qu'un but : on négocie, on supplie ou on menace ; on ajourne ou on transige, toujours pour la paix.

Seulement tandis que la diplomatie européenne, se montre sous une face, puis sous l'autre, et se promène en un cercle vicieux, la politique anglaise est fortement prononcée, hautement proclamée.

C'est qu'en ce pays, l'opinion, placée au faîte,

a le droit d'être instruite de tout, a le talent de juger de tout. Il faut à cette nation, qui marche comme un seul homme, que la voix du ralliement sorte des profondeurs de l'ame, et retentisse dans toute l'organisation sociale.

Mais qu'importent le ton, le mode? la fin seule intéresse. Et quel homme se refuserait à reconnaître qu'au lieu de ces paroles à double sens, de ce langage à demi-voix, dont se servent les cabinets de l'Europe, il est plutôt donné aux révélations éclatantes, aux véhémentes déclarations de Canning, *de faire sentir qu'il est de l'intérêt des gens exagérés des deux côtés, de se pénétrer du danger de transformer un arbitre en un adversaire.*

Le salut de l'Europe monarchique tient à la paix générale ; laquelle ne peut être maintenue que par l'accord des puissances prépondérantes ; soit qu'il plaise de le désigner sous le titre de la Sainte-Alliance, ou comme aux vieux temps, sous le simple nom de pacte diplomatique.

De ces puissances, il faut extraire la Russie, comme n'étant pas menacée d'un risque immédiat, et de plus, comme suscitant des craintes naturelles ; puis la Prusse, que sa construction factice et sa situation équivoque, enchaînent à la neutralité.

Dans les trois Etats qui restent, l'Angleterre, intacte et compacte, est essentiellement appelée à jouer un rôle principal : mais seule à vouloir, elle révolterait les esprits; et seule à agir, elle épuiserait ses forces.

Il lui faut un Etat collègue, qui soit de puissance équivalente, qui ait des intérêts analogues, qui ne puisse ni la craindre ni s'en faire craindre.

C'était la France, par la force des faits; c'est l'Autriche, d'après le refus de la France.

Quant à l'Autriche, les accidens de sa conformation anomale et hétérogène, ont produit par l'effet de la réaction des esprits contre le péril des choses, cette merveilleuse organisation morale, qui rallie tout ce qui était isolé ou divisé.

Tandis qu'en France, le privilége de sécurité et de quiétude ce semble attaché à sa constitution géographique, n'offrant à la vue aucun danger, et endormant sur les revers de l'avenir, le gouvernement s'est laissé de tout temps balotter entre l'anarchie et l'arbitraire, s'est laissé dépouiller de toute influence politique.

La France ayant donné sa démission, l'Autriche se présente en remplacement.

De là, cet imbroglio inextricable qui, de plus en plus, se manifeste dans la péninsule et que l'Angleterre réduite à ses ressources propres ou seulement aidée des conseils de l'Autriche, est impuissante à régler, à résoudre.

A Naples, la question était toute autrichienne, en même temps, à l'égard des dangers encourus par l'Italie entière et des moyens propres à rétablir l'harmonie entre ses divers États : si l'occupation de ce royaume devait fournir un modèle en fait de fermeté et de modération, elle ne pouvait donner l'exemple de la prudence requise, au sujet de l'Espagne.

En Espagne, la question n'était pas européenne, ainsi qu'on l'a prétendu : elle était mi-française, mi-britannique.

« Car le Portugal, c'est l'Angleterre ; l'Espagne, c'est la France..... Ces contrées adhérentes à la France et à l'Angleterre, parties intégrantes, pour ainsi dire, de l'une et de l'autre, membres si faibles de deux corps si puissans, présentent les seuls points vulnérables et irritables de leur existence politique.

« Et leurs peuples, bien qu'alliés par les mœurs, et isolés d'intérêts, sont ennemis de naissance, se haïssent au seul titre de voisins, agissent l'un sur l'autre, toujours pour se nuire, jamais pour se servir. (*La politique royaliste.*) »

Les preuves ont surgi du chaos, ont éclaté avec fracas.

Au lieu qu'à Naples, le rétablissement de l'absolutisme, n'apportait que des garanties vivement désirées, aux puissances de l'Italie; en Espagne, son action, à la fois inquiète et hautaine, inégale et violente, en suscitant à Don Pèdre la crainte qu'elle ne s'exerçât en faveur de Don Miguel, l'a déterminé plus que toute autre cause, à lui opposer, en Portugal, un système antagoniste.

Or la nation portugaise, émue et troublée par tant de crises inverses, ne rentrera pas en repos, ne reprendra pas d'assiette, sous quelque gouvernement que ce soit, à moins que la sagesse armée de la force, ne règle ses destinées.

Et le cabinet anglais, obligé par la foi publique et par l'honneur national d'entrer dans la lice, ne battra pas en retraite, ne déviera pas de sa ligne, ne se réduira pas à la neutralité.

C'est de nécessité qu'il faut s'entendre et s'accorder avec lui, au sujet de l'organisation de chaque royaume, et de la pacification des deux royaumes.

Dans l'origine, le ministère de France était chargé de la double obligation, de fonder en Espagne, un ordre de choses durable, et de le coordonner avec l'état du Portugal : il a méconnu le premier de ces devoirs; il n'a pas même songé au dernier.

Maintenant, cette entreprise, déjà si difficile,

evient impossible à la France seule, de même u'à l'Angleterre seule.

l'Angleterre attend la France ; écoutez plu-ôt Canning :

« L'Angleterre n'a point donné de conseils au ujet de la charte portugaise ; il n'est point du de-oir des ministres d'intervenir dans les transac-ons intérieures de ce pays ni de tout autre..... Comme ministre d'Angleterre, je dois dire seule-ent : Puisse le ciel faire prospérer cet essai d'une xtension de liberté constitutionnelle.

« Je suis persuadé qu'il existe, dans la majorité u peuple espagnol, un amour du pouvoir absolu, ne haîne indomptable contre les institutions li-res..... C'est ma ferme croyance que la retraite es troupes françaises, mettrait en liberté un parti urieux, dont le parti plus faible serait victime. »

« L'importance la plus exagérée avait été atta-hée, depuis les temps de la reine Anne, aux re-ations de la France et de l'Espagne..... On sait que es appréhensions ne se sont jamais réalisées, nême quand l'Espagne possédait le plus formi-lable pouvoir. »

N'y a-t-il donc pas moyen de traiter sur de els termes ?

Ces êtres si fiers et si vains, auxquels le sort plutôt que le ciel a remis les rênes de la politique, les ministres, sont hommes, et à ce titre subissent, de même que nous, le joug qui fut imposé à notre espèce par les lois de son organisation.

Les impressions surmontent leur raison, les instincts étouffent leur pensée : comme la preuve en est sensible dans ce besoin instinctif de la paix, besoin presque animal, si l'on peut parler ainsi, qui frappe tous les cabinets d'une terreur vraiment panique, qui les retient dans un morne état d'i-nertie.

D'une part, parmi ce monde de trembleurs, le sceptre appartient à celui qui éprouve la crise au moindre degré ou qui sait le mieux en voiler les symptômes : il suffit de faire le *va-tout*, pour mettre en fuite des joueurs exténués de pertes, abattus par le désespoir.

Tel est le rôle qu'a ravi l'Angleterre, tandis qu'il appartenait de plein droit à la France ; car le sol où elle s'appuie ne menace point de s'esquiver sous ses pieds, car l'incendie ayant dévoré le faîte de l'édifice social, la garantit du moins d'être en-sevelie sous ses ruines.

D'autre part, aucun cabinet n'ose sonder le mal en son principe, et trancher dans la plaie, appli-quer la pierre infernale : on renvoie de jour en jour ; on s'en remet au destin, si avare de faveurs,

si prodigue en désastres ; on se borne à des mesures évasives et palliatives, dilatoires et commi-
natoires.

En sorte que le germe de fermentation, d'abord
faible et léger, s'échauffe, se développe, se pro-
page indéfiniment : si le cœur a manqué pour en-
lever et éteindre la mèche à peine enflammée, il
faut que la bombe éclatte.

Seule, l'Angleterre, soutenue par le concours
de ses peuples, décidée pour ainsi dire par le coup
de la nécessité, sait prendre un parti. Et par
exemple, dans l'affaire du Portugal, elle se pro-
nonce d'abord en expédiant une force préventive,
qui préserve l'Espagne d'une tentative inconsi-
dérée, qui sauve l'Europe d'une guerre épouvantable ; puis, de concert avec l'Autriche, à l'aide
des conseils et des menaces peut-être, elle déter-
mine don Pèdre à se prêter à la nomination de
don Miguel aux fonctions de régent.

Contraste éclatant avec la conduite de ces
grands enfans d'Etats, lesquels venant depuis peu
à renaître, et n'ayant pas acquis, quant au juge-
gement et au caractère, l'âge de virilité, ont en-
traîné par des instigations secrètes, le peuple simple et loyal du Portugal, dans les erremens les
plus désastreux :

Tantôt l'irritant contre une charte octroyée du
haut du trône, et pour rendre la charte illégale,

imaginant de rendre le prince illégitime, ainsi qu'auraient fait des tribuns du peuple ; tantôt mettant à l'ordre du jour de l'armée, si don Pèdre, fils de don Jean, frère aîné de don Miguel, est ou n'est pas roi de Portugal, ainsi que faisaient les chefs de la garde prétorienne. (*Politique royaliste.*)

Grands enfans d'Etats, qu'éblouit l'éclair le plus lointain, au point de les aveugler sur l'atmosphère embrâsée, où ils sont jetés ; dans un état de minorité tellement prolongé, ils devraient rendre grâce, à la puissance qui les prend sous sa tutelle, qui, conseillée par des intérêts communs et presqu'indivis, les protège contre eux-mêmes, les sert sans trop se prévaloir de tant de bons offices.

Chose étrange ! La monarchie britannique, long-temps incertaine et équivoque, se trouve par l'effet de la révolution française, la plus intacte d'existence, la plus ancienne de durée : et, comme au lieu de se reposer sur ces titres privilégiés, l'expérience lui porte des lumières, lui soufle l'esprit de sagesse ; elle promet après s'être défendue, seule contre tous, de persister plus long-temps qu'aucune autre.

En ce coin du globe, la légitimité a senti, qu'au contraire de l'usurpation, étant à la fois dégagée du besoin, et dépourvue des moyens d'employer la force, de régner par la crainte, il lui fallait s'établir sur ces bases immuables, la libéralité dans l'intention, la loyauté dans l'exécution : l'une et l'autre, non pas dans le sens où elles sont prises par certains défenseurs du royalisme, et par certains fauteurs de révolution, mais dans l'acception qu'elles portaient depuis l'origine des choses, jusqu'en ces jours de vertige.

La légitimité à la fois pudique et habile, ne s'y dissimule pas, qu'elle-même n'est pas de première création, car des siècles se sont écoulés, où il n'y avait pas de Rois, et nul ne peut dire le lieu, l'époque où l'instinct d'humanité, où le sentiment de moralité, ne se soient pas rencontrés.

Le légitimité y reconnaît qu'il est des légitimités prééminentes et préexistentes, des légitimités de fond, pour parler nettement, par dessus lesquelles, passent et repassent sans les troubler à peine, ces terribles tempêtes qui bouleversent la surface des sociétés, qui détruisent les formes extérieures; et qu'il ne lui sera donné, étant de nature si délicate, de braver les saisons contraires, de résister à la fureur des temps, qu'en s'implantant et poussant des racines, jusque dans leurs entrailles.

Puissances de l'Europe, en méprisant les exemples, les leçons, les secours de l'Angleterre, vous marchez à votre perte.

Ainsi que le vin le plus pur, s'il est vivement remué, se trouble aussitôt et se charge de lie ; ainsi l'agitation imprimée aux nations, même quand elle aurait été excitée par les plus nobles causes, enfante et nourrit dans leur sein, des germes tôt ou tard funestes.

Telle est la loi de l'organisation humaine, qu'au moins dans les classes dévouées à un travail écrasant, l'habitude, la routine, qui entraînent sans qu'il leur soit besoin de persuader, portent seuls des garanties certaines.

L'Amérique parle.

Bien que depuis des siècles, l'Espagne insensible à ses intérêts, comme à ses devoirs, se fût faite sa marâtre, au lieu d'être sa tutrice ; aussitôt que le trône est surpris par la perfidie, est occupé par la turpitude, à l'instar de leurs généreux frères de la Péninsule, les peuples d'Amérique que dominait alors la caste native d'Espagne, et qu'entretenait dans leur ardeur le clergé catholique, s'insurgent, s'organisent, ne soupirant encore que pour la délivrance de leur monarque.

Mais cette époque est trop retardée; mais, au retour du roi, la conduite est mal combinée : le trône prétend souder et river de nouveau les chaînes que le serviteur fidèle, privé de tout secours, abandonné à sa propre force, brisa lui-même.

Qu'en résultera-t-il? bientôt la ruine et l'exil de tous les Espagnols, puis les guerres du mulâtre contre le créole, et du nègre ou de l'indigène contre le mulâtre; enfin, l'extermination de telle et telle race, la dévastation du pays, la corruption des mœurs, la destruction de tout culte.

L'Espagne a son langage aussi.

Héroïque et sublime nation, qui ressuscite de ses cendres, qui se relève à la même hauteur qu'au temps des Romains, qui triomphe sous les étendards miraculeusement ralliés de la religion et de la politique.

Arrêtons-nous là.... A peine la victoire paraît assurée, l'Espagne n'a plus d'ennemis en face, et s'en forme dans son sein même; l'Espagne n'a plus de vertus à déployer, et se laisse séduire par les passions.

Soit qu'elle espère encore ou n'espère plus, soit qu'elle désire ou ne désire pas, retrouver son roi légitime ; dans le premier cas, elle est déloyale ; dans le second, elle est insensée ; en forgeant cette constitution de 1812, aussi dissonnante avec les droits du trône qu'avec l'état des peuples.

Et (non sans qu'il soit fait la plus juste part aux torts immenses du gouvernement), cette même constitution, invoquée par diverses conspirations, est enfin, au moyen d'une révolte militaire, remise en vigueur, est maintenue pendant près de quatre ans en dépit de quelques insurrections locales.

Il y a en cela, beaucoup à penser, et quant aux suites inévitables des agitations sociales, et quant à l'esprit actuel de la population espagnole ; car il faut qu'elle soit devenue aussi lâche qu'elle était valeureuse , ou qu'elle se soit impreignée des principes qu'elle repoussait jadis.

Les événemens seuls sont appelés à éclairer sur ce point, attendu qu'il est impossible dans une nation qui rumine en silence, et ne se décèle jamais avant le moment d'agir, d'opérer le recensement des opinions, de calculer en chiffres l'état respectif des parties. Et quand même on aurait acquis la connaissance du nombre abstrait, il resterait encore à apprécier la puissance relative, sous le rapport des moyens intellectuels et pécuniaires.

Un seul fait est avéré, dont la connaissance

bien qu'insuffisante pour annoncer l'époque et la nature des crises subséquentes , porte évidemment les présages d'un double péril.

Deux partis existent , l'un au nord et à l'est, dans les campagnes surtout, l'autre au sud et à l'ouest, partout sur les côtes , le premier supérieur en forces de corps et même de cœur, le second prééminent quant à l'intelligence et à la fortune : lesquels partant des termes extrêmes de l'échelle politique , ne peuvent s'entendre, ne veulent s'écouter , et n'ont qu'à s'exterminer.

Le trône suspendu et balotté entre eux, est incapable de se mettre à la tête de l'un , de le contenir sous sa loi, de maîtriser l'autre avec son aide ; est condamné à se voir assailli , enlevé tour à tour par celui-ci et par celui-là, jusqu'à ce que fatigué d'un joug aussi honteux que pénible , il vienne à conspirer lui-même, à déserter sa bannière apparente, à passer dans les rangs adverses, également disposés à le tyranniser.

Car la bannière ne fait pas l'armée. Les motifs les plus généreux sont bientôt mis en oubli, au sein de la mêlée ; le sentiment loyal et la droite raison font place à l'obstination, à l'exaspération. On passe à côté du but, on franchit par-dessus les fins primitives; on n'aspire plus qu'à accomplir sa volonté, laquelle se roidit dans les revers, s'enflamme dans les succès.

Or la volonté n'aboutit point à un terme précis et final, comme les enfans gâtés en donnent la preuve ; dès lors qu'on lui a laissé prendre l'habitude de s'exercer à son bon plaisir ; elle ne tend plus devers une jouissance réelle, devers un avantage positif : il lui faut seulement se satisfaire et surmonter les résistances, dompter les prétentions ennemies.

Le but atteint par la volonté, au lieu de lui offrir un point de repos, est saisi pour point d'apui, est transformé en point de départ, d'où elle s'élance au-devant d'un nouveau but, de même et de plus en plus indéfini.

Malheur aux temps qui ont lâché l'homme dans la lice et l'ont animé aux combats. Vainement sur l'orgueilleuse bannière, éclatte en lettres d'or, tel ou tel mot : trop souvent les passions auront recruté les rangs de la troupe ; toujours les passions raviront les fruits de la victoire.

Il faut se taire : la Catalogne en dit trop. On va lui clore la bouche, avec le sceau des concessions ou sous le coup des rigueurs : c'est bon pour l'instant, pour le lieu.

Mais l'Espagne est si vaste, si diverse : ici ou là, aujourd'hui ou demain, dans un tel sens d'abord et puis dans l'autre, le cri de guerre s'élèvera, pour délivrer le roi de l'esclavage, et le charger d'une autre chaîne.

Désastreux présages, fulminans augures, quand un monarque indécis ou pusillanime, donne le droit de dire de sa personne, qu'elle n'est pas libre, qu'elle signe par violence, qu'elle jure avec restriction ; quand lui-même suscite le dessein de briser le joug qu'il subit sans résistance, comme si le même coup devait détruire aussi et dissoudre les futurs fers sous lesquels il court se jeter.

Il faut reprendre les évènemens, dès leur origine.

Les révolutions de Cadix et de Naples, étaient identiques, au titre de révoltes militaires : comme c'est à la fois, le plus grave forfait à punir, le plus grand péril à craindre, on devait sur-le-champ marcher, frapper.

Ainsi s'est conduite l'Autriche, et l'Autriche a réussi, d'autant mieux qu'à Naples, l'esprit de liberté ne s'était point propagé dans la société, par l'effet des circonstances antérieures.

En Espagne, au contraire, les saintes insurrections, contre l'usurpateur, en arrachant l'homme aux ornières de la routine, en le lançant dans le tourbillon de l'action, lui avaient souflé le sentiment de sa valeur personnelle, lui avaient donné les goûts et les habitudes d'une vie indépendante.

Telle était la disposition générale, d'un bord comme de l'autre, quand la révolution militaire, se développant à l'abri de la faiblesse, devint civile, puis royale, enfin nationale : car c'est le sceau sacré du monarque, qui lui servit d'égide parmi les peuples.

Ces caractères déja si contrastans entre les situations des deux états, se sont plus prononcés encore, par ce fait, qu'à Naples, la révolution avait été spontanément imitée, et la constitution niaisement empruntée ; tandis qu'en Espagne, ce fut un acte accompli sous un corps alors investi de pleins pouvoirs, un acte mis en exécution pendant deux ans, qui reçut en 1820, la sanction souveraine, avec tous les signes apparens d'une libre volonté.

Or, sous les auspices de ces cortès qui avaient relevé les autels de la patrie, et de ce monarque qu'un miracle réintégrait sur le trône, pendant cette durée de deux années, avant 1814, et de trois ans depuis 1820, des esprits auront été ramenés, des consciences se seront rattachées aux nouvelles combinaisons politiques.

Car tout fait qui advient, chaque jour qui s'écoule, exercent quelque influence sur l'homme moral et physique, et modifient sa nature dans un sens ou dans l'autre.

En outre, il faut bien reconnaître qu'une politique instable et variable, a dû avoir pour effet,
d'atiédir les serviteurs zélés, souvent méconnus
ou repoussés, d'aliéner les ambitieux auxiliaires
toujours trompés dans leur attente, de fournir
sans cesse aux mécontens, des sujets de haine et
de colère, des motifs de crainte et d'espérance;
enfin de semer le trouble, le dégoût, le mépris de
toutes parts.

N'avons-nous pas vu, le saint de nos temps,
Louis XVI, ou plutôt son ministère, au lieu de se
former dès la réunion des États-Généraux, une
idée exacte de l'état des esprits, et d'établir en
conséquence, un système complet et solide, tantôt
cédant aux ordres de l'exigeance, tantôt montrant
une vaine ombre de résistance, renforcer les rangs
de la révolution, et succomber enfin.

Ne voyons-nous pas, à cette heure même, un
ministère qui marchant de fraude en fraude, menaçant et caressant tantôt les uns, tantôt les
autres, promettant à tous et ne tenant à personne,
timide en face des dangers, autant qu'arrogant
pendant le calme, parvient à ce fatal point, que
tout ce qui s'éloigne du cabinet, sauf quelques
rares exceptions, s'éloigne aussi de la couronne,
et tombe dans l'opposition libérale.

Il n'y a pas lieu d'augurer mieux de l'Espagne.
La force sur le trône, dompte les esprits et même

conquiert les cœurs : certaine de sa magie, elle pouvait se promenant d'une extrémité à l'autre, ou dominer par la constitution des cortès, à l'aide de la justice, ou régner avec l'inquisition au moyen de la prudence.

En 1814 surtout, le pays ivre de joie, s'assouplissait à toutes les formes : la fierté castillanne était prête à poindre de nouveau ; la monarchie espagnole était apte à reprendre son rôle brillant : au dedans, forte de bravoure, de constance, de loyauté, au dehors, riche de ses colonies ralliées et relevées, il y avait en Europe une puissance de plus.

En 1823, on n'a pas bien nettement compris, que l'état des choses était changé; et après que l'expérience a porté la plus triste lumière, on s'est conduit comme si on ne comprenait pas davantage.

Maintenant, il faut éviter pis.

Deux partis formidables se partagent l'Espagne, dont les forces respectives ne peuvent se dénombrer et semblent différemment réparties sur le sol, deux partis acharnés, intraitables, voués à vaincre ou périr.

Et tel est le funeste effet d'une conduite incertaine et inquiète, qu'il n'y a plus de masse neutre, pour se jeter dans la lice, pour amortir ou détour-

ner les coups, pour recueillir les vaincus, et réprimer les vainqueurs.

A quel jour le combat? A quel parti le triomphe? Nul ne peut le dire.

On doit dire seulement que le combat sera renaissant et le triomphe alternatif, qu'entre eux
l'extermination seule fera la paix.

On doit dire que les crises se succédant en sens
contraire, retentiront avec violence, au sein des
autres États, et que le parti victorieux, quel qu'il
puisse être, menacera d'agiter et de troubler le
continent.

L'Europe a pris peur : et après un grand
coup, se tenant à l'écart, ne veillant point sur les
suites, aura avancé, aura créé plutôt, le vrai péril.

Et la France qui s'est parée de gloire, verra
les palmes de l'honneur, consumées par les rigueurs du sort, faire place aux cyprès de la
honte.

A l'égard du Portugal les faits ont été exposés
en janvier 1827, et comme l'imagination, bien
qu'il lui plaise de les saisir sous un nouvel aspect,
n'est point douée, en mettant en jeu certaines
fibres du cerveau, d'exercer un effet rétroactif,

quant à leur réalité, ce qui a été dit est encore à dire.

« Aux confins du monde civilisé, sur une langue de terre isolée, il existe un peuple brave, fidèle et pieux, jadis vainqueur des Maures et dominateur des Indes, ensuite perdu dans l'oubli et n'aguères se relevant en sa gloire première ; l'Europe le tient pour étranger, l'Espagne le traite en rival, en ennemi, et l'Angleterre, jointe à lui par les mers, unie à lui par une alliance immémoriale, prête la force à ses droits, le fournit en ses besoins, le rembourse de ses travaux, lui donne à vivre ; œuvre dont elle profite elle-même, tâche qu'elle est seule en état de remplir.

« Jean VI, roi de Portugal, meurt le 10 mars 1826, après avoir institué par un acte du 6, selon les lois du royaume, sa fille Dona Isabella pour régente pendant sa maladie et en cas de décès, jusqu'à ce que l'héritier légitime de cette couronne eût donné des ordres à ce sujet.

« Or, les temps étant arrivés où les colonies se trouvaient en force pour rompre leurs liens ; lors de la reconnaissance du Brésil, il avait été convenu que les deux couronnes ne pourraient plus être réunies sur la même tête ; mais cette clause du traité ne contenait point une renonciation absolue de la part de don Pèdre ; et, suivant son sens littéral, don Pèdre conservait l'option entre les deux trônes, pouvant ainsi conférer le sceptre dont il ne voulait pas, à l'un de ses enfans. Ainsi pensaient les Portugais.

« En Espagne, on craignait seulement que les divisions qui affligeaient depuis dix-huit ans la maison de Bragance, n'y retentissent encore, et que le parti du roi Jean et celui de la reine, toujours en discorde, voulussent profiter de l'absence du roi héréditaire, l'un pour conserver le pouvoir, l'autre pour s'en emparer, tous les deux pour mêler dans leur querelle, le roi d'Espagne depuis long-temps inquiété par des intrigues venues de Lisbonne, et quelquefois victime des menées de ses voisins.

« Tels étaient les faits reconnus dans les premiers temps, par les opinions les plus prononcées.

« Cependant don Pèdre instruit du décès de son père, après avoir prorogé les pouvoirs de la régente, déclare de sa pleine volonté abdiquer et céder tous ses droits à sa fille Dona Maria, en la donnant en mariage à son frère don Miguel ; comme s'il ne songeait qu'à concilier enfin les deux partis du roi et de la reine, par la transaction la plus juste et la plus sage qu'ait encore présentée l'histoire.

« Mais le trône du Brésil est vacillant : au dehors, pressé et froissé par les chocs redoublés de la barbarie instituée en république ; au dedans, harcelé et menacé par des castes ennemies, impossibles à rallier et difficiles à dompter. Don Pèdre ne se sent pas le courage de faire face aux périls; il avait dissous en 1823 l'assemblée constituante du Brésil; il concède à ce pays en 1826, une constitution tout-à-fait démocratique.

« Et comme un caprice peut détruire cet ordre légal, ainsi qu'un caprice l'a déjà détruit, il faut que don Pèdre fasse ses preuves, qu'il donne des garanties de sa conversion, qu'il s'enchaîne lui-même par un nouvel engagement; enfin, qu'il octroie une charte au Portugal en même temps qu'il cède la couronne à sa fille....

« Le calme régnait en Portugal : la charte apparaît et le pays est en feu. C'est donc au sujet de la charte qu'on s'insurge : c'est contre la charte qu'on se bat. » (*la Politique royaliste.*)

Or nos neveux voudront-ils le croire ?

Don Pèdre est l'aîné : donc il n'est pas héritier.

Il est reconnu par tous les cabinets : donc il est usurpateur.

La charte émane du haut du trône ; donc elle est révolutionnaire.

L'empereur du Brésil a imité le roi de France : donc il a agi illicitement.

Nous sommes royalistes : il faut en appeler à la souveraineté du peuple ; il faut recourir à l'opinion des baïonnettes.

Ainsi sur l'antique souche des maximes monarchiques, où la sève ne circule plus qu'avec len-
teur et jette à peine une faible végétation, en
place d'émonder les branchages morts de vétusté,
afin de diriger son cours et de resserrer ses ca-
naux; une imprudente main est venue enter des
rameaux de doctrine sophistique qui, favorisés
par l'influence de la saison régnante, sont appelés à pousser brusquement, à étouffer l'arbre
précieux sous leur ombre, à dessécher le principe
de vie jusque dans les racines.

Car tout est mis en question, tout est livré aux
interprétations de l'école.

Les deux couronnes ne pouvaient plus être réunies sur la même tête; il y avait donc lieu à opter
et non pas à abdiquer. Don Pèdre opère son option, sous la forme de l'abdication, croyant ainsi
renforcer les titres naturels de sa fille; la conséquence contraire en est tirée.

S'il n'avait pas abdiqué, s'il avait opté seulement, la mort civile s'en suivait, portant les effets
de la mort naturelle : et Dona Maria, sa fille, suc-
cédait de plein droit.

Ce raisonnement était trop simple; il n'a été
ni avancé ni attaqué.

Dans le droit actuel de l'Europe, toute charte
octroyée par le monarque, est sacrée. Autrement, comme il faut que le droit réside quelque

part, comme la société humaine ne fut jamais stationnaire, les peuples raviraient le pouvoir constituant, dicteraient les formes nouvelles.

Par suite, la charte de France a été applaudie ; et les chartes de Belgique, de Bavière, etc. ont été au moins tolérées ; bien qu'elles soient pour ainsi dire injectées dans les entrailles même de la société européenne. Il y a contact ; la contagion est mille fois plus menaçante.

Tout au plus l'exemple du Portugal pouvait avec le temps, si toutefois le succès avait couronné les desseins, induire l'Espagne à établir enfin un ordre quelconque. Une telle crainte a suffi pour que les peuplades fussent appelées aux armes, et les troupes convoquées au scrutin,

Déplorable entreprise, qui n'eut d'antécédent que dans l'insurrection militaire de don Miguel contre son vieux père, et dont les imitations, sans parler de la rébellion des Catalans, ne manqueront pas d'apparaître sur d'autres théâtres.

Il faut encore citer :

« Cependant le sang ruisselle, le sol fume, et le présent est gros d'un avenir encore plus désastreux. Les haines ont été semées ; il y aura des récoltes interminables de vengeance. Chez ce peuple qui tient du Maure, les cœurs ne se purgent point de l'aversion, les esprits ne se lavent point de la défiance : il est empoisonné pour des siècles.

« Les insurgés sont vaincus, dit-on, mais ils ne sont pas domptés; ils sont exaspérés plutôt : si les enseignes ont été rejetées au-delà des frontières, les passions, refoulées pour l'instant, menacent d'une épouvantable explosion. Sous le coup de la force, sous le poids de la nécessité, la tête fléchit, le cœur se soulève.

« Sont-ils vaincus? malheur à eux! la guerre civile ne pardonne pas. Et quelles sont les victimes? sauf quelques ambitions, c'est la foi religieuse, l'amour monarchique, l'instinct de famille, tout ce qui compose le noyau d'un peuple simple, tout ce qui constitue le sol moral du pays : trop naïfs, trop vifs sentimens, qui savent rarement se garantir de leurs propres illusions et moins encore des déceptions étrangères; qui souvent, induits par de fausses lueurs, se laissent entraîner hors des sentiers du devoir.

« Malheur aux vaincus! La lutte fut incertaine, l'anxiété fut extrême : les ressentimens de la peur ne sont jamais assouvis. » (*De la Péninsule.*)

Tels étaient les présages en avril dernier : l'Espagne bordant de troupes les frontières du Portugal, et n'osant les franchir, dans la crainte de dégarnir le pays et de se compromette avec l'Angleterre, ne réussissait qu'à exalter, à exaspérer les révolutionnaires; et après que la mesure imposée aux excès eût été comblée par eux, la réaction royaliste, toujours prête à poindre, éclatait de toutes parts, de même destinée à souiller le triomphe par des vengeances trop excusables

Graces soient rendues à l'Angleterre*! Sur ces rives amies, elle avait déja offert une garantie à l'ordre social, et prêté une sauve-garde aux personnes royales : il faudra encore qu'elle appaise et calme, d'un bord comme de l'autre, qu'elle porte des espérances et au besoin qu'elle lance la menace.

Ainsi tout marche : l'Autriche donne le signal de la trève, concourt au rôle d'arbitre; la France, suivant sa nouvelle méthode, bat des mains; l'Espagne seule, en forme de bravade, éternise son camp de péril, trop oublieuse de l'île de Léon.

Les armes cèdent aux conseils : après six mois de négociation, l'Autriche et l'Angleterre obtiennent la nomination de don Miguel à la régence.

Mais combien d'anxiétés, de perplexités? Don Miguel n'est encore reconnu que par l'Europe

---

* Nous félicitons sincèrement l'Angleterre d'un résultat auquel il n'est pas impossible que ses bons avis aient contribué. (*Moniteur,* 5 septembre 1827.)

entière ; doit-il l'être par une certaine cotterie ? La question est des plus graves.

En principe, ses titres étaient fondés sur ce qu'il ne possédait point de droits : s'il a acquis des droits, que deviennent ses titres ?

D'après les doctrines, il n'était légitime qu'à la charge d'être absolu : s'il osait maintenir quelques institutions, que devient sa légitimité ?

Enfin lorsqu'il apparaît sous les auspices réunis de l'Angleterre et de l'Autriche, ceux-ci attrayans, ceux-là répugnans, sera-t-il accueilli ou honni ?

Quoi qu'il en soit, peut-être don Miguel ne fera que peu d'état de cette secte absolutiste, dont les triomphes se sont bornés jusqu'à cette heure, à diviser le Portugal en deux bandes acharnées, à semer la révolte au sein de l'Espagne, à étouffer en France le germe du royalisme, à mécontenter l'Italie, à effaroucher l'Allemagne, à prolonger les crises de l'Amérique, à retarder la délivrance des Grecs, à empêcher l'émancipation des catholiques, à fomenter les défiances de l'Angleterre.

Don Miguel est régent, sera roi.

Or, le manteau de la royauté, destiné à changer de maître ou plutôt d'esclave, ne se laisse guère tailler et retailler à la juste mesure du personnage sur lequel il vient de tomber : quelle que soit la force naturelle, d'ordinaire les épaules plient sous un tel faix, et les mouvemens sont contraints, l'allure est commandée.

Ainsi les héritiers d'Angleterre et de Naples, aussitôt qu'ils sont devenus rois, ont oublié d'avoir été princes : cette règle n'a encore souffert qu'une exception peu tentante à imiter.

Vis-à-vis de Miguel, il ne faudra que convaincre, tandis qu'envers Ferdinand, il faut contraindre.

Mais de quelle haute mission n'est-il pas chargé, quant à l'ordre des choses, quant à l'état des esprits.

« La charte de don Pèdre est entachée de trois défauts accidentels, sans parler de ses vices substantiels : elle tombe à l'improviste sur la tête d'un peuple, après qu'une tentative analogue a été repoussée avec horreur, avant que de longs déchiremens aient généralisé le besoin de la paix : elle est émanée d'un prince assis sur un trône étranger, qui gouverne une colonie devenue une rivale, qui conçut ou du moins reconnut la scission la plus douloureuse : elle est accusée d'avoir été dictée par une puissance alliée et amie, mais non pas suzeraine, mais non pas analogue en religion, en habitudes, en mœurs. » (*La Politique royaliste.*)

De plus, ses partisans sont réfroidis, ses adversaires échauffés : car il n'y a pas moyen de croire

que don Miguel y tienne essentiellement, la main-
ienne éternellement.

La charte portugaise fera l'office d'une planche
qui sert à traverser l'abîme : après l'avoir franchi
et avoir pris pied, don Miguel aura à briser la
planche périlleuse ; et sans retard, à ériger sur
des fondemens creusés dans les entrailles du sol,
avec l'aide de ses auxiliaires, plus experts en ce
travail, un pont de grandeur et de durée, qui
unisse les deux bords, qui recouvre l'abîme.

Il faudra de rechef alligner des lettres, compo-
ser des mots, ébaucher des phrases, agencer des
articles, des chapitres : et tout cela ne parle pas,
pas plus que cela ne pense.

En Angleterre, qu'est-ce que dirait la *magna-
charta*, le grand parchemin, en traduisant mot à
mot ? Rien, si l'esprit qui lui souffla la vie ne
l'animait de son feu sans cesse renaissant. *Mens
intus alit.*

En Portugal, loin qu'il existe un esprit national,
on n'y rencontre que deux esprits de parti, hostiles, défians, envieux ; dont l'un, s'il siégeait au
pouvoir, prétendrait se délivrer de toute règle ;
tandis que l'autre n'aspirerait qu'à en tirer parti ;
dont l'un et l'autre, si le pouvoir se promenait
entre eux, appliqueraient la règle dans le sens le
plus opposé.

Pour réussir en cette œuvre, où la règle doit

être établie, avant qu'ait pu naître l'esprit dont elle attend le souffle de vie, où les partis, prêts à se déchirer, doivent être amenés à se calmer, à se rallier sur une ligne mitoyenne; que faut-il?

Pas moins qu'un miracle d'en haut; sauf que le poids de la diplomatie européenne vienne comprimer tant d'élémens déréglés, et les tenir dans un repos forcé qui permette aux propices influences du temps, de les pénétrer enfin, de les assimiler entr'eux.

Le droit d'intervention ainsi que le droit d'insurrection, sont incontestables, en théorie, sont indéfinissables dans la pratique. En fait de principes, c'est le devoir, c'est le besoin de l'homme, de tendre avec force et constance, devers l'absolu, dont tous les accidens de ce bas monde, travaillent trop à le faire dévier; et par cela même, que ces accidens provenant de sa faiblesse et de ses passions, se montrent variables au dernier point, se représentent d'un bord comme de l'autre, l'époque arrive enfin où la violation de la règle constitutive, légitime la violation de la règle corrélative.

Il faut dire que par le contre-coup des erremens du pouvoir, le terme était échu en point de droit, comme les temps étaient éclos, sous le rapport des moyens, où les insurrections de la Grèce et de l'Amérique, loin d'être attentatoires à la loi politique, n'offraient que le développement naturel des relations sociales.

Quant à l'intervention, il est en même temps plus facile et moins pénible, d'établir la sorte de circonstances qui la légalise. Un incendie consume la maison voisine ; une rixe s'élève dans quelque famille amie : tels sont les deux images, les deux exemples plutôt. Le salut de la société, l'instinct de l'humanité, font un devoir de ce qui était un délit.

La France en 1815, et Naples en 1821, au dehors, menaçant de propager les troubles, au dedans, livrées aux horreurs de la discorde, appelaient au plus juste titre, la force étrangère : les mêmes raisons parlaient moins haut, à l'égard de l'Espagne, dont la révolution, illicite dans l'origine, avait été revêtue du sceau royal, s'était couverte du manteau du temps, et ne présageait point le bouleversement du pays, l'envahissement des autres Etats.

Mais c'est à cette heure que les motifs les plus pressans éclatent et retentissent avec autorité; car jamais dans une famille ainsi attenante de tous les points, ainsi alliée par tant de nœuds, on ne vit s'élever une telle rixe, une telle lutte d'extermination ; et bien que l'idée creuse, ne puisse l'entendre ou ne veuille l'admettre, jamais l'anarchie révolutionnaire ne lança sur le continent de l'Europe, les périls dont est chargée cette anarchie absolutiste.

Qu'on y songe enfin ; les couronnes se sont associées, elles restent solidaires : et l'alliance porte la force, la force porte l'obligation.

Associées, il leur est enjoint de veiller non seulement, à ce que leurs partenaires ne soient pas dépouillés par la révolte, mais encore à ce que l'arbitraire ne soit pas exercé par leurs partenaires.

De même qu'agissait le saint-siége, dans l'ère de sa suprématie, qu'il y aurait à regretter sous des rapports importans, et qu'il n'y a plus à rappeler, depuis que les temps lui ont retiré toute puissance effective ; la Sainte-Alliance, où l'union politique des cabinets, devrait s'entremettre entre le monarque et les peuples, non pas comme avocat de l'un, mais comme arbitre entre les deux.

Car moralement, le monarque, en sa qualité d'homme, est exposé à pécher grièvement, à persister dans l'impénitence finale, si la foudre lui épargne ses menaces : car politiquement, les torts, les travers du monarque, ou plutôt du ministère qui agit en son nom, sont sujets à occasioner, au premier jour, ces crises révolutionnaires que les États voisins doivent étouffer dans l'origine.

Qu'on y songe enfin; l'alliance des couronnes, les soumet à des destinées communes.

Solidaires, il rejaillit sur chacune d'entr'elles, quelque chose du blâme, du mépris, du ridicule, que l'une ou l'autre aura justement mérité, aura seulement encouru.

Dans notre siècle, il n'y a plus de nations dans le sens des nations de l'autre siècle, dont les poteaux de douane formaient la délimitation et déterminaient la concentration : parmi ces êtres éparpillés sur le sol de telles zônes géographiques, des sectes hostiles se sont formées, que la répulsion isole au milieu de la société même, que l'attraction rallie au-delà des confins, avec les sectes analogues.

Et par derrière, par dessous, perce une race encore à l'époque de l'enfance, encore dans l'état d'innocence, qu'enivrera l'esprit du jour, qu'emportera le tourbillon du mouvement.

Or, veut-on connaître l'impression produite sur l'aggrégation d'individus, qui déja est la plus nombreuse, et sans cesse s'accroît en masse, par tel acte émané d'un trône quelconque? Ce sera justement le contrepied de l'impression manifestée, par l'aggrégation qui l'a suscitée , qui s'en félicite.

Les journaux rendent l'endroit et le revers de la médaille, au sujet des événemens de la Péninsule depuis 1814.

Mais ils ne disent pas tout : ceux-ci, parce que l'exaltation du sentiment royaliste les berce d'illusions trompeuses, les éblouit à l'égard des fatales vérités; ceux-là, parce que la combinaison des projets révolutionnaires, leur défend d'exposer au grand jour, tant de causes qui préparent les voies, qui assurent le succès.

C'est aux rois à se le dire eux-mêmes, si tant est que leurs ministres le taisent, à se dire à l'égard de la Péninsule :

« Ce qu'a fait depuis 1814, depuis 1823, ce monarque, notre frère, notre collègue de titre, notre partenaire d'alliance, notre associé de destinées.

« Ce que fera en 1828 et années suivantes, ce prince, régent en droit, souverain de fait, et de même confondu et identifié dans l'opinion avec nous.

« L'aurions-nous fait? le ferions-nous?»

L'état de l'Espagne et du Portugal vient en preuve de la plus haute des vérités politiques.

Qu'est-ce que ces révolutions écloses à Cadix et à Lisbonne, qui ont disposé, comme par un coup de baguette, de la destinée des deux royaumes ? Qu'est-ce que ces insurrections descendues des montagnes, qui préparent ou commandent un nouveau mode de gouvernement ?

D'un bord ou de l'autre, quelques chefs ont rencontré une masse réunie, ou sont parvenus à réunir une masse ; et, mettant à profit les regrets et les craintes de ceux-là, les mécomptes et les misères de ceux-ci, les animent, les irritent, les rangent sous leur pouvoir.

Les moteurs sont en petit nombre, n'ont en vue que leurs intérêts ou leurs passions, et pourtant telle est la soudaine influence, telle est la puissante impulsion, qu'à la manière d'un torrent la masse se précipite, ravageant, bouleversant la société.

Vainement la grande majorité des peuples n'aspirait qu'au repos; vainement des partis supérieurs en moyens, formaient des vœux en sens contraire. Disséminés au hasard, surpris à l'improviste, ils sont contraints de céder, de se soumettre, d'applaudir peut-être.

Si la digue trop fragile se laisse entamer et rompre, le plus petit ruisseau, dont les eaux se seront lentement amoncelées, inondera et noiera l'immensité de la plaine.

La digue rend l'image de la volonté suprême : est-elle investie de force ? l'opinion reste calme et stagnante; est-elle atteinte de faiblesse ? l'opinion travaille, pénètre, renverse.

Mais alors il n'y a plus de volonté suprême, et le pouvoir illégitime ou légitime qui, malgré son impuissance, en prend le titre, en tente l'exercice, s'expose à plaisir, aux chances d'un coup de main, à la tyrannie du premier venu.

Ainsi le pouvoir méconnaît ses intérêts; car il y avait moins de risque, ou plutôt il n'y en avait point, à mettre en liberté toutes les opinions, à les laisser se débattre entre elles, se neutraliser.

Et le pouvoir méprise ses devoirs; car aussitôt qu'une opinion partielle se trouve en état de vou-

loir et d'agir, d'influencer l'ordre social, toute
opinion quelconque doit être promue au même
droit, en sorte qu'au lieu de l'opinion qui dominait et subjuguait les autres, chaque opinion dis-
tincte vienne se ranger sous la loi de toutes les
opinions réunies.

Là où ne règne pas en réalité, en point de fait
la volonté suprême, quelque puisse être l'état des
choses, la justice, d'accord avec la sagesse, ap-
pellent l'opinion publique. Voilà le grand mot.

Après que des crises ont ébranlé le sceptre, et
quand le sceptre vacille dans les mains, l'opinion
publique, mise en plein et libre exercice, éclairée
de toutes les lumières, organisée en ses divers
centres et réprimée par les lois tant qu'elle ne
sera pas contenue par les mœurs, seule garantit
la consolidation et l'amélioration des sociétés hu-
maines ; seule protège les couronnes contre une
subite levée de boucliers, contre une émeute de
rue ou de campagne ; seule prévient les causes, et
du moins éloigne le terme, ou quelque révolution fortuite, s'exaltant, s'égarant de pas en pas,
amènerait enfin et installerait la souveraineté
du peuple.

Les exemples sont frappans. A travers tous les
périls, voyez l'Angleterre stable, immuable, inaltérable ; dans l'état de pleine paix, voyez l'Espagne agitée, troublée, tourmentée.

C'est qu'on ne fait pas de l'absolu comme on fait de la prose, sans le savoir ; c'est que dans une telle science, Mahomet a donné l'exemple et la leçon

« Du droit qu'un esprit vaste et ferme en ses desseins,
« A sur l'esprit grossier des vulgaires humains. »

Avez-vous un caractère inflexible ? Avez-vous des talens prééminens ? Telles sont les premières conditions. A défaut, que voit-on ? Sur le trône l'intitulé de l'absolu, rien qu'une étiquette de sac ; dans le cabinet, un vieux sceau rouillé, des formules surannées.

Cherchez ailleurs. L'absolu, dont n'aura pu jouer le doigt tremblant de la royauté, sera saisi, sera manié par le bras audacieux de la révolte. Les amateurs peuvent se promener du nord du Portugal à l'est de l'Espagne.

Certes, pour de l'absolu de province, il est dûment constitué : piller et massacrer, enrôler de force, fusiller les sujets fidèles, combattre les troupes royales, se créer une armée, un trésor, une junte, c'est bien pour le début.

Les causes d'un pareil désordre sont faciles à reconnaître ; afin de laisser toute liberté aux exercices périlleux de l'absolu monarchique, il aura fallu faire place nette et balayer le sol, de ces pierres d'achoppement érigées à titre de lois, ou implantées par la coutume.

On ne peut imaginer une lice mieux applanie, plus étendue.

Mais par malheur, l'esprit de vie et de force s'étant épuisé dans ce travail préalable, manque à l'absolu monarchique.

Un remplaçant se tient tout prêt ; issu de la même famille, et seulement entaché d'illégitimité, son génie, son caractère, comme il s'est souvent vu, parmi les bâtards, sont prononcés. Celui-là ne restera pas en chemin, on lui fit une trop belle route.

C'est l'absolu anarchique, dont il faut bien créer le nom, puisque la chose s'est créée d'elle-même. C'est l'absolu éparpillé et disséminé, dont l'action, limitée à des sphères de plus en plus rétrécies, parvient bientôt à décomposer la société en une nuée de hordes barbares, puis à la dissoudre jusqu'à ce point où la force des bras fait la loi.

On le vit régner sans résistance, sans autre lutte qu'entre ses fauteurs, dans l'empire romain et dans l'empire grec, sous le système féodal et sous la Sublime-Porte.

S'il faut se résoudre à jeter sur l'Espagne, le plus triste regard, n'est-ce pas lui-même en personne qui crie à tue-tête sur le passage du monarque :

È viva il re netto. Et, lui enfonçant la couronne sur les tempes, rivant le sceptre dans sa main, se prosternant un genou en terre, le traite en façon de fétiche.

De même que les assiégés travaillent par dessus tout, à couvrir par des ouvrages avancés, à masquer à force d'art, le côté faible de la place, l'homme à qui l'instinct n'apprend que trop en quoi pèche sa nature, afin de le dissimuler aux regards malins, fait montre, sur ce point, d'autant plus d'ostentation.

Or, il n'est point de tâche plus difficile à remplir, que de se faire une volonté ferme et stable; car la paresse et la faiblesse, se refusent à la méditer, à la combiner, de sorte qu'elle s'applique aux circonstances trop variées, trop imprévues; car la passion et la distraction ne permettent pas de la maintenir intacte, de la défendre contre les assauts réitérés que lui portent tour-à-tour, tant d'attraits, tant de répugnances, pendant le cours d'une existence agitée.

Aussi, vis-à-vis de ses semblables, l'homme

tient, par dessus tout, à se vanter, à se glorifier d'avoir une volonté, d'agir à sa volonté, sans être dominé par aucune autorité.

Et pour cacher mieux son triste jeu, pour voiler la vérité du fait, il se refuse obstinément à écouter les conseils, à employer les lumières des personnes dont le rang, supérieur ou même analogue, pourrait donner lieu à présumer l'ascendant.

L'autruche ne se comporte pas différemment, lorsqu'ayant mis à couvert sa tête derrière un arbre, elle reste en repos, n'exposant plus que tout son corps aux traits des chasseurs.

Car étant incapable de se créer une volonté de fond, étant ainsi contraint à prendre une volonté d'emprunt, il arrive que l'homme recherche aux bas lieux, l'assistance qu'il a refusée d'en haut, et se soumet à l'influence des sous ordres; dès-lors, tranquille et fier devant ses semblables, parce qu'à son idée, ils ne le soupçonneront jamais.

Dans les familles, dans les réunions, dans les assemblées, on ne voit que cela : on le voit surtout sur le trône.

Sous ce rapport, les rois sont plus hommes que tous autres, ne pouvant discerner l'état des esprits, ni présumer le cours des choses, et devant se construire une volonté, taillée sur une échelle immense, fixée autour d'un pivot immuable, douée d'une force invincible.

De là cette aversion innée, de tant de princes, à établir ou même à supporter la coopération de tel corps que ce soit, judiciaire, administratif ou législatif, formé à titre de naissance ou d'élection, et composé de personnes notables et capables.

De là, par un juste retour, cette fatale propension à subir l'esclavage, tantôt d'une maîtresse, d'un favori, tantôt de quelque cotterie secrète, de quelque faction subalterne.

Il n'y a moyen que de choisir entre les influences de haut lieu ou de bas lieu, de chambre ou d'antichambre : celles-là qui travaillent ouvertement et se montrent à nu ; celles-ci qui dissimulent leur marche et s'enveloppent d'un manteau.

En prétendant se sauver des apparences, on se jette sous le coup de la réalité ; en s'attribuant des airs d'indépendance, on s'asservit aux plus lourdes chaînes.

Pour les princes comme pour les peuples, dès lors qu'ils se sont chargés d'une somme d'autorité ou de liberté supérieure à leur capacité, le faix les écrase : et comme la fausse honte empêche de s'en débarrasser, il leur faut mendier quelqu'appui pour les soulager, et déléguer une forte part de la tâche.

Ainsi apparaissent dans les empires, les pro-consuls et les pachas, les préfets du prétoire et les maires du palais : ainsi pendant les révolutions, surviennent les Cromwel, les Bonaparte, les Bolivar, auxquels la liberté, inquiète de ses écarts, se livre pieds et poings liés.

Soumis de même à cette fatalité, encore les peuples sont plus chanceux que les rois, car les personnages qui s'emparent d'eux ou auxquels ils s'abandonnent, du moins les compriment, les dirigent, les gouvernent enfin : tandis qu'à l'égard des rois, les prête-noms qui ravissent ou reçoivent la subrogation à leur autorité, n'aspirent qu'à en tirer parti, à s'ancrer avec son aide, et trop souvent parviennent à se saisir du sceptre ou à le faire tomber des mains souveraines.

Toutefois dans nos temps où les relations sont plus éclairées et les communications plus animées, il y a moins de risques que la puissance civile ou militaire soit usurpée, soit ravie à la couronne ; et le monarque dont la force de volonté ne répond pas à la somme d'autorité ou plutôt de souveraineté, qu'il prétend se réserver, qu'il entend exercer sans contrôle, est sujet plutôt à fléchir sous des influences de famille, de société, de domesticité.

Mais l'effet quoique moins ostensible, se trouve autant ou plus désastreux : car des conseils issus d'une telle origine , doivent contraster avec les vœux et les droits des peuples , doivent susciter un esprit de répugnance et de résistance ; car des complots tramés en une telle sorte , ne tardent pas à être dévoilés, enlevant même aux mesures les plus convenables, la présomption de justice et de sagesse et exposant la couronne à des jugemens fâcheux, à des sentimens haineux.

Ce n'est pas autre chose qui se passe en Espagne ?

On s'est sauvé des cortès révolutionnaires, on a repoussé les cortès monarchiques ; on méprise le conseil de Castille, on attaque les états de provinces. Et tandis qu'un vain orgueil se glorifie d'avoir frappé ces grands coups, voyez d'où sont partis les conseils, où se sont formés les complots, et comment ont été soufflées au souverain, des volontés étrangères à sa première pensée, contraires à ses devoirs, nuisibles à ses intérêts.

On n'a voulu admettre aucune règle, ni la nouvelle, ni l'ancienne, ni une mitoyenne: et le gouvernement marche au hasard, faisant la cour ou la guerre au même parti, conférant le prix ou la peine aux mêmes actes, adoptant les conseils de la peur, érigeant la loi du caprice, sacrifiant un monde plutôt que des vanités, méprisant les promesses comme les services, égarant tant de fidèles, aigrissant tant d'ennemis, appelant toutes les chances de péril, courant au devant de sa perte inévitable.

Il y a de quoi rougir et gémir et frémir à la fois.

Abstraitement et absolument parlant, autant qu'il est permis à notre fragile et chétif esprit de se hasarder sur ces voies périlleuses ; les peuples n'ont point le droit formel de se gouverner ou d'être gouvernés, conformément à leurs opinions, à leurs idées ; par la simple raison, que ces idées sont variables dans l'individu même, et différentes entre les individus, sont souvent impossibles en pratique, souvent opposées à la justice, à la sagesse.

On sait trop comment l'esprit humain est enclin à franchir par-dessus la vérité, pour courir après une ombre vaine, comment au lieu de se rallier autour du noyau commun de la réalité, il est sujet à se laisser éblouir par quelque aspect fantastique.

Le droit constitutif des peuples, lequel exprime le devoir corrélatif des rois, consiste en ce que l'action du gouvernement soit dirigée dans la vue, vers le but de leurs intérêts et de leurs besoins ; en ce que la participation au gouvernement leur soit attribuée, lorsque l'intelligence vient à être éclairée, lorsqu'un surcroît de force est invoquée par les évènemens.

Voilà peut-être tout ce qu'il y a à dire, au sujet des dogmes ennemis de la souveraineté du peuple et du pouvoir absolu des rois.

Cependant, l'opinion qui n'est d'abord qu'une forme d'idées, qu'un mode de percevoir les choses, sous tel point de vue, se revêt d'un caractère réel et s'instale au titre de fait matériel, après que des circonstances quelconques, l'ont fixé et rivé dans les têtes, l'ont transformé en volonté, l'ont identifié avec l'existence, tellement que tous les mouvemens, toutes les forces de l'être deviennent exclusivement vouées à son service.

Dans cet état des esprits, il ne s'agit plus de discuter et disserter, de professer et prêcher, de peser et juger enfin, quand ce serait avec des balances impartiales, si l'opinion est juste en principes, si elle est sage en desseins, pas même si elle est possible en pratique.

Ce n'est plus une opinion; c'est une volonté, une puissance : il semble que dans le creuset du cerveau, chauffé par le feu soutenu des passions, l'être antérieur se soit fondu, se soit moulé sous d'autres formes, en un être nouveau.

Maintenant, l'idée constitue l'existence même; si bien qu'il n'y a moyen d'extirper l'idée, à moins d'anéantir l'existence.

On prendrait donc une peine inutile à rechercher, dans les dissentions politiques, où gît le point de justice. La justice est chose de droit, comme la puissance est chose de fait : au for intérieur, dans les actes de libre volonté, il ne faut entendre qu'à justice ; au dehors, dans des vues d'ordre public, c'est la puissance qu'il faut comprendre.

Sans doute, cela mène loin, toujours sur les mêmes voies et jusqu'au terme extrême : cela mène à ne pas opposer le fragile bouclier du droit, aux armes tranchantes du fait, à ne pas marcher en avant pour être mis en fuite, à ne pas combattre pour être vaincu : cela mène à faire rentrer au besoin, la ligne du juste, sous le cercle du possible, non sans s'efforcer à étendre de plus en plus ses limites.

En sorte qu'au lieu de le retrancher du domaine de la pensée, par un coup de désespoir, on se réserve la possession de ce vaste et vague champ de l'avenir, où la prudence devra passer la charrue, où l'occasion viendra jeter la semence, où la saison plus propice fera germer la plante, où les destinées dont le fil n'aura pas été coupé par le fatal ciseau, pourront mûrir et récolter le grain.

Or, dans la Péninsule, l'opinion obstinée, endurcie, et maintenant inhérente à l'être, disposant des forces personnelles, accrues par l'état constant de furie, devient une puissance, avec laquelle il faut parlementer, puisqu'il n'y a moyen de la subjuguer.

Et deux opinions ou deux puissances s'y rencontrent, entre lesquelles doit être passée la transaction ; toutefois sans qu'il faille adopter pour maxime, cette étrange assertion du Moniteur.

« Les partis n'y sont point assez fatigués de leur lutte, et le gouvernement n'a pas encore assez éprouvé peut-être, leurs forces respectives, pour savoir faire la part de leurs droits et de leurs torts. » (8 octobre.)

Car c'est au contraire, à terminer leur lutte, que la transaction est destinée ; car le gouvernement en laissant s'éprouver leurs forces, les verrait s'épuiser l'un et l'autre, au détriment de la société, et serait emporté lui-même par l'un et par l'autre, tour à tour.

Assertion la plus lâche, la plus platte, la plus sotte qui ait jamais été officiellement proclamée !

Les partis poussent à l'extrême, prétendent vaincre ou périr, jouent tout ou rien.

C'est le parti même auquel le cours des temps porte des outrages sensibles, et enlève des partisans, enfante des adversaires, qui se montre le plus inflexible en prétentions, le plus réfractaire aux concessions : c'est au parti dont les principes et les fins sont les plus nobles, attendu que pour l'instant le pouvoir légal est à sa commande, que les conseils, les remontrances doivent être principalement adressés.

Ce parti, par cela même que le pacte qui l'unit est d'origine antique et pure, voit s'exalter les têtes passionnées, et s'entêter les esprits routiniers, sans parler des cœurs ambitieux qui souvent lui commandent à son insu.

De là, plus que tout autre parti, il est exposé à mal juger de l'état des choses, à se jeter sur des voies encombrées, à se heurter, se briser contre des écueils, dont il ne se doutera qu'après s'être perdu corps et biens ; et de même que tout autre parti, il est soumis par la loi commune à s'aigrir dans les revers, à s'échauffer dans les succès, à se promener de vœux en vœux, au lieu de prendre repos après le triomphe, enfin à s'abandonner à des chefs, dont les envieuses rivalités n'aspirent qu'à le flatter, à l'enivrer.

Ni ce parti, ni le parti adverse, ne sont susceptibles d'être jamais satisfaits, jamais assouvis. Les faveurs qu'on leur accorde n'ont d'autre effet que d'exciter les prétentions et d'augmenter l'arrogance. Le pouvoir qui les sert a pour seul destin

d'être mis à la chaîne, d'être réduit en escla-
vag e

Au contraire, une transaction sortable, serait
appropriée à calmer les deux partis, en laissant à
leurs espérances le champ illimité de l'avenir ; et
comme elle apporterait quelque intervalle de paix,
aurait l'avantage d'amortir le mouvement d'atté-
nuer la masse.

Si tous les partis professent tant d'horreur pour
une transaction quelconque, c'est que les chefs
qui portent la parole, qui soufflent l'esprit, sentent
parfaitement comment les bandes rassemblées à
leur appel, vont rompre les rangs, battre en retraite, et laisser les drapeaux sans soldats.

Par contre, le pouvoir doit mettre d'autant plus
de prix à cet acte ; car aussitôt, la portion la
moins ardente, se détache de la tête, se met à
l'écart, et rentre dans cette nation intermédiaire
ou neutre, qui constitue le lest tutélaire du vais-
seau de l'Etat.

Ce ne sera plus le gouvernement de la massue, qui s'allie et se livre à une des opinions ou
des puissances pour enchaîner, pour exterminer
l'autre ; ce ne sera plus le gouvernement de la bascule, qui alternativement, élève et abaisse, excite
et abat chaque parti.

C'est le gouvernement de la règle, lequel s'in-
terpose entre les rangs ennemis, leur inflige des

limites certaines, leur ouvre enfin une voie mitoyenne où ils vont entrer et s'unir, dès lors que la constance et la fermeté auront enlevé tout espoir aux passions turbulentes.

Il n'y a pas moyen de régir l'Etat à l'aide des partis : ce sont comme des ailes qui se débattent sans cesse en sens contraire, et dont les mouvemens déréglés ne permettent pas au corps social, de prendre quelque fixité.

Voyez quelle est la puissance et en même temps la prudence du sceptre, car le plus souvent, l'une tient à l'autre, dans ces contrées encore exemptes de révolutions, où la masse nationale, conservée dans l'état d'inertie, par le poids des habitudes et par l'attrait du bien être, lui présente un appui inébranlable, lui prépare des forces invincibles.

La politique ne doit tendre qu'à rétablir peu à peu cet ordre des choses, en rognant et réduisant les ailes vagabondes, en nourrissant le corps social, en fortifiant cette masse que sa neutralité entre les partis, rallie au gouvernement.

Et la politique ne peut y parvenir qu'en imposant aux partis, en s'imposant à elle-même, une transaction finale, une règle immuable.

Cependant les termes de la convention, importent moins que le terme de son exécution. L'ordre, en thèse générale, suffit au maintien ; à l'entretien de la société ; la règle, quels que soient ses bases et ses principes, est douée de remettre l'espèce humaine dans la droite voie, de la conduire à ses justes fins.

Laissez les fous s'écrie Pope, disputer sur les formes du gouvernement ; le mieux administré est le meilleur.

A l'égard de l'Espagne, en 1814, en 1823, une immense latitude était donnée dans le choix de la forme : seulement il fallait une règle, il fallait de l'ordre ; la fixité de la forme choisie était requise.

La volonté a manqué et manquerait encore : telle est la raison qui oblige à combiner la transaction, en quelque rapport avec la puissance respective des partis ; car la force morale n'étant point assise sur le trône, les forces matérielles, éparses dans le pays, doivent être appelées au pouvoir.

Le trône est contraint à recevoir la loi, parce qu'il n'a pas su la dicter ; et du moins il ne subira que la loi stable des choses, au lieu qu'il subit depuis long-temps la loi variable des hommes.

Sur ce sol qui devient de jour en jour plus glissant, où déja est empreinte la trace de tant de chutes soudaines; ce ne sera pas en se balançant dans les nues, que la royauté réussira à prendre pied, à garder l'équilibre.

Ce ne sera pas en se retranchant sous les barrières de fer du droit absolu, en se refusant à ouvrir, à cultiver le vaste domaine des devoirs, qu'elle parviendra à rattacher autour d'elle, les intérêts, les sentimens, les opinions enfin.

Sauf dans le système théocratique et sous le régime militaire, le pouvoir est tenu de se soumettre à l'une ou l'autre de ces conditions sacramentelles, dont l'exposition seule manifeste la nécessité.

Force est, ou qu'il fasse l'opinion à lui, ou qu'il se fasse à l'opinion.

Et l'on conçoit comment l'opinion qui s'était insensiblement faite au pouvoir, ou plutôt que le pouvoir avait naturellement faite à lui, devient difficile à refaire, après que tant de crises, après qu'un tel laps de temps, l'ont défaite.

Maintenant, le pouvoir se sent-il doué de force, de constance, d'habileté, au point d'accomplir l'œuvre : alors, qu'il ne tarde pas; autrement, qu'il n'hésite pas.

Telle société lui est donnée : il s'y rencontre des opinions, qui ayant été mises en scène, qui s'étant liées avec l'être même, sont devenues des puissances réellement parlant.

Or en combattant, en soumettant l'une, au moyen de l'autre, c'est donner des fers à celle-là, c'est donner le sceptre à celle-ci : et en les opposant l'une à l'autre, en les soutenant tour à tour, c'est éterniser la lutte, c'est consolider l'anarchie. Quelle gloire y a-t-il?

Au contraire, en modifiant, en régularisant l'action des deux puissances, il y a moyen de les rallier sur des voies collatérales, de les amener au but commun. Est-ce là une honte?

En place du coup de massue qui écrase et du jeu de bascule qui épuise, l'établissement de la règle est seul destiné à sauver l'état.

Vainement, l'imagination attérée par les rapports de la mémoire, s'épouvante à l'aspect des puissances sociales, dont l'action désordonnée, démesurée a fait tant de mal.

Ces puissances considérées en elles-mêmes, constituent le principe de vigueur de la société; et les causes du désastre, ne tiennent qu'à la turbulence des mouvemens : les mouvemens sont à diriger, les puissances sont à conserver.

C'est la même espèce, qui fournissait les anciennes bandes et qui compose les armées actuelles : il n'y a de plus que la discipline, la règle.

Seulement dans l'ordre civil, et surtout après une ère de troubles, la discipline ne doit pas être établie à l'avance, la règle ne doit pas être imposée d'en haut; car la défiance serait difficilement domptée par la force, car l'agitation ne sera calmée que par l'effet du temps

Fixez plutôt un noyau, et décrivez un cercle; un noyau autour duquel soient appelés à se ranger les élémens des puissances sociales; un cercle au-delà duquel soient arrêtés les mouvemens de ces puissances.

Chaque puissance, aussitôt qu'elle aura reçu une base, prendra son aplomb, et quand elle sera revêtue d'une existence, tracera sa marche : dans ce corps qui lui est enfin donné, va naître l'esprit de corps.

A vrai dire, où il n'y a pas d'esprit de corps, ce n'est qu'anarchie, sous telle ou telle forme : l'homme isolé et errant obéit à la loi de l'appétit et du caprice, tandis que les hommes réunis et sédentaires érigent la loi de l'intérêt général, la loi du sens commun.

Qu'on se fie à l'esprit de corps; il est de l'essence des corps d'établir une discipline entre leurs membres, de s'imposer une règle à eux-mêmes; car l'influence politique en dépend : à cet égard tous les faits parlent.

Et qu'on ne craigne pas d'attribuer la prééminence, suivant la loi, à l'opinion qui possède la prépondérance en réalité.

L'opinion, en tant que puissance, commande : l'opinion telle qu'elle soit, dans le sens religieux ou monarchique, de même que dans le sens libéral.

En réduisant à l'expression la plus simple, à moins de gouverner par la violence, il faut gouverner, non pas selon l'opinion, mais par l'opinion.

On doit donc aller au-devant d'elle, et l'appeler à soi ; on doit la reconnaître au lieu de prétendre la nier, l'organiser au lieu de la laisser s'égarer.

De plus, s'il existe des opinions diverses, comme la plus forte surmonte la plus faible, et au dernier terme demeure la seule, il est inévitable de lui donner un ascendant légal, en proportion de son influence morale.

Ce sont des nécessités à subir, quelques dures qu'elles puissent être ; et, par une faveur des destins, en fléchissant sous le coup, on réussit à l'amortir.

Car cette opinion prépondérante, qui tôt ou tard s'insurgerait contre l'état des choses, où elle n'aurait pas été installée en sa due place, sera amenée à le soutenir si elle est investie par la loi, d'une prééminence analogue.

Une ébauche du plan d'organisation des deux royaumes de la Péninsule avait été ainsi tracée dans la *Politique royaliste*.

« La religion catholique dominante ;

« La liberté domestique des autres cultes ;

« L'établissement légal de l'ordre du clergé ;

« La restauration des anciennes cortès ;

« Trois ordres : le clergé, la noblesse, les villes;

« Leur convocation bisannuelle ;

« Leur concours à la législation ;

« L'initiative et la sanction au roi.

« L'organisation des Etats de province ;

« L'administration libre des villes ;

« La répartition égale des impôts ;

« La formation d'une armée régulière ;

« La fondation d'un système de crédit.

« Bientôt le clergé, institué en ordre et investi de puissance, se calme dans ses inquiétudes, s'attache aux destinées de l'Etat, se forme en fait de politique, se pénètre de patriotisme, se porte au-devant de la nécessité.

« La noblesse, organisée de même, acquiert le sentiment de ses droits, aspire à s'élever à leur hauteur, prend un esprit d'émulation et un ton de dignité, sort enfin de l'état d'ignorance et d'apathie.

« Les villes mises au rang des ordres de l'Etat, et contenues par le clergé et la noblesse, n'expriment que des vœux légitimes, ne travaillent qu'au bien général.

« Et les Cortès ainsi revivifiées, sorte de parlement qui diffère fort des Chambres de France et d'Angleterre, exercent néanmoins les privilèges tutélaires dont celles-ci sont douées; le privilège d'éclairer et régulariser l'action du gouvernement; le privilège de rallier une grande majorité des peuples, de manière à prévenir ou à réprimer les tentatives de toute faction; le privilège enfin, et quel est l'homme qui n'en sent l'impérieuse nécessité, non pas d'entraîner, mais de maintenir le monarque dans une ligne fixe de direction, non pas de lui intimer les ordres de l'opinion; mais de le préserver des conseils de l'intrigue.

A. PIHAN DELAFOREST,
Imprimeur de Monsieur le Dauphin et de la Cour de Cassation, rue des Noyers, n° 37.